営業の意味

資質と才能

中村信仁

Shinji Nakamura

営業の意味

資質と才能

この職業を愛せるか

なぜ「営業の意味」を書こうとしたのか改めて考えると、数字を上げるために日々もがき苦しんでいる多くの営業人《びと》に光を届けたかったからだ。

みんな営業が好きなんだ。

好きで好きでたまらない。

それなのに苦しんでいる。

どれだけ本好きであっても、読む本のすべてが面白いわけじゃない。

半分以上はつまらない。

それならもう本を読むことをやめるのか?

やめはしない。

なぜなら本が好きだから。
そう、好きなことは半分以上辛いのだ。
辛いけどやめない。
だからそれが「好き」なんだ。
楽しくても続かないことだってある。
結局、続かないことは「好き」なことじゃない。
営業は辛い。
でも、やめずに何年も続けている人が大勢いる。
やっぱりみんな営業が好きなんだ。
その「好き」な営業を「大好き」に変えて欲しい。
すると、今まで辛いと思っていたことが、鍛練なんだと思えるはずだ。修行なんだと思えるはずだ。

営業の世界に「売れない」という現象は存在しない。

もし、数字が上がっていないなら、それは売れないのではなく、売っていないだけだ。

この本を読んで欲しい。最後まで読んで欲しい。読めばきっと、「売れていない」と「売っていない」の違いに気づくはずだ。

意識を変えるだけですべてが変わる。

そして、なにをどのように変えればいいのか、その答えをこの本の中にすべて記した。

もし、一度読んで、それに気づかないのなら、もう一度読めばいい。

そのために、極力言葉少なに、余計な修飾語を敢えて抜き、文字数を極限まで減らして書いた。

何度も、何度も、読み返しやすいように。

辛いこと、苦しいことが日々あるということは、どれほど明日の自分に大切な鍛錬となるか、必ずわかってもらえる。

最近、三十年の道より三秒の道を求める人が増えた。

そんなことを書く本も多い。

だが、営業には三秒で辿りつける道などない。

ポッと出の新人が勝ち続けられる世界ではない。

三十一年間売り続け、そして積み上げた私の数字を、五年や十年の新人では絶対に抜けない。

それがプロフェッショナルの世界だ。

そこに本物の技術がある。
そして技術とは、自分がもって生まれてきた資質を才能へと変化させることだ。
その方法もこの本に記した。
心が技術を越えるとき、その技術は本物になる。
本気で読んで欲しい。この本を。

営業の意味　資質と才能

もくじ

第一部

営業の資質と才能

第一部

営業の資質と才能

し - しつ【資質】 生まれつきの性質や才能。
さい - のう【才能】 訓練によって得られた能力。

広辞苑第四版　新村出著　岩波書店より

1　縁に出会える資質、縁を育てる才能

えん【縁】 人と人、または人と物事とを結びつける、不思議な力。ゆかり、つづきあい。えにし。

料理人になろうと決意した若者が、一流の料理人を訪ねてこういった。

「包丁を自由に操るコツを今すぐ教えてください」

すると料理人はこの若者に一枚のメモを渡した。若者は跳び上がらんばかりに喜んで家へ戻りメモを開いた。

《一人前に包丁を研げるようになることです》

メモにはそう書いてあった。

再び若者はその料理人を訪ねた。

「ならば包丁を研ぐコツを教えて下さい……」

料理人は若者に尋ねた。

「いいですよ。それではあなたの包丁を見せてください」

若者は俯き……恥ずかしげに答えた。

「持っていません」

「それでは、まず一流の職人さんが仕込んだ包丁を手に入れることです」

「それはどこで売っていますか」

「売っていません」

馬鹿にされたと思った若者は語気を荒げて叫んだ。

「買えないのなら手に入れられないじゃありませんか」

「そのときがきたら、包丁があなたを迎えにきます」

禅問答のようなやり取りに若者はうんざりし、礼もいわずその場を静かに去ってしまった。

別の町で若者が一流の彫刻家を訪ねてこういっていた。

「今にも動き出しそうな、その彫刻の彫り方を私に教えてください」

彫刻家はジッと若者を見ていった。

「いいですよ」

しかしそういったきり彫刻家はなにもいわず、黙々と彫り続けるのみである。

若者は最初のうちは立ったまま、ジッとして、彫刻家からの教えのことばを待った。そのうちシビレを切らしたのか辺りを歩き廻りはじめた。

「早く教えていただけませんか」

若者は叫んでいた。

「今、教えているじゃないか。そのまま座って見ているといい」

彫刻家は静かにそういうだけであった。

一時間ほどして若者は再び声を発した。

「どれくらい座っていたらいいのですか」

「そうだね……これが完成するまでかな」

「何時間くらいで完成するのですか……」

「うーん、五年か十年か……、いや、もっとかもしれません」

若者は静かに首を振りその場を去っていった。


そして若者は一流のファッションデザイナーを訪ねていた。

「あなたのように素敵なデザインを生み出すコツを教えてください」

デザイナーは若者に尋ねた。

「絵を描くのは好き?」

「大好きです!」

この質問に若者の顔は晴れやかになり、そして目を輝かせた。

やっと理解者に出会えたと思ったのだ。

「それなら今日から毎日、眼につく人のファッションをスケッチしてごらん」

やっと出会えたのだ。

この人のいうことなら素直になんでもやれると思った。

「何人くらいスケッチすればいいのでしょう！」

「そうだね……、千人か二千人か……」

その答えをきくやいなや、若者は込み上げる怒りを抑えきれずに叫んでいた。

「そういう努力をするのではなく、今のあなたが身につけているコツだけを教えてくれませんか。私は才能があるはずなので、そのコツを教えていただけるだけで十分なのです！」
デザイナーは静かに微笑んだあと、二度とその若者へ視線を向けることはなかった。

とうとう若者は一流の営業人を訪ねていた。
「私は性格的に物づくりには向いていないようです。
あなたのように、人とコミュニケーションをとる仕事をしようと思います。
ですから誰にでも好かれるその話し方を私に教えてください」
営業人は黙って若者の次のことばを待っていた。
「物づくりは修行が必要で時間がかかり過ぎるみたいです。

でも、営業なら明日からでもやれます。

いや、今日からでも……。

会話の技術さえ身につければいいわけですから」

営業人はやはりなにも喋らなかった。

「とりあえず……、まずは……、誰とでも仲良くなれる会話のコツだけを教えて下さい」

やっと営業人は口を開き、静かに若者の眼を覗き込んでこういった。

「私はなぜ、あなたになにかを教えなければならないのでしょうか？

それに、なぜあなたは一方的な要求ばかり私にするのですか」

若者は口を大きく開いてなにかをいいかけた……がやめた。

しばらく沈黙が流れた後、若者はこういった。

「あなたにコツを聞いた私が馬鹿でした。

お金を払えば営業の技術を教えてくれるセミナーが世間には沢山あります。私は最初からそこへ行けばよかった」

「それなら、なぜそこへ行かずに私のところへ……?」

「セミナーにはお金がかかります。あなたなら無料《ただ》で教えてくれると思ったからです……。

だって営業ってそういうものじゃないのですか?

数字をあげるためならどんなことでもするのでしょ。

もしかしたら私は、あなたの未来の見込客かもしれないのだから。

でも、あなたじゃ無理ですね。私がいう、このことに気がつかないレベルのようですから」

若者は捨て台詞《ぜりふ》のような言葉と軽蔑の眼差しを営業人に向け、その場を立ち去った。


学校のテストには必ず答えがあって訊けば教えてくれる環境に育つ。だが、意外と世の中に答えはない。相手を感じることができるか、質問への深読みができるか、言葉の裏側にある真意を感じ取ることができるか、その資質が要求される。

人の話を耳で聴く人もいれば、目で聴く人、肌で聴く人もいる。

また、今この文章を読んでいるが、その意味に納得する人、しない人もいる。

まさに営業の資質とは、言葉の奥行を聴き取る力であり、肌で読み解く力、匂いで感じる力……そこにある。

そして、営業の形は営業人が十人いたら十個の形があり、百人いたら百個の形がある。

大切なことは、誰かの姿を鵜呑みにするのではなく、素直に従える背中と出会えるかどうかであり、師と出会えるかどうか、そして縁を得られるかどうかだ。

2 仕事に就けるのは資質、それを天職にできるのは才能

営業に限らずすべての職業や仕事に向き不向きなどはない。その環境に自分が順応できるかどうかだけ。

そこの職場環境、そこの人間関係、そこの立地条件、そこの顧客関係など、自分がそれらの環境に順応できるかどうか。

順応できると脳は「向いている」と判断し、順応できないと「向いていない」と勝手に判断する。それは本来の資質との葛藤でありストレスとなっているはずだ。

てん・しょく【天職】天から命ぜられた職。その人の天性に最も合った職業。「教師を―とする」

オリンピックに出場できるアスリートたちは、もともとその資質を持っていた。運動が好きだったという資質。しかし、資質だけで一流のアスリートにはなれない。我々の周りにも運動好きはいるが、運動好きが全員オリンピックの代表選手になれないのは、その資質を訓練によって磨き上げ、才能へと開花させなかったから。つまり、資質とは持って生まれた感性であり、才能とは訓練によって得られた能力をいう。

営業でいうなら、営業という仕事に就けるかどうかが「資質」で、それを天職と思えるかが「才能」だ。

こう考えた人がいた。

「自分はきっと一流の経営者になれる」と。

なんの根拠もなく、なんの裏付けもなく、このように考えられることこそ資質そのもので、世界のホンダを築いた本田技研の創業者本田宗一郎氏は、昭和二十一年、浜松の町工場にて数十人の社員を前に「ホンダは世界一のホンダになる」とみかん箱の上に立ち宣言した。

それから六年後の昭和二十七年、ホンダは六百万円の資本金しかないなかで「日本の工作機械ではいいものが作れない」と当時四億五千万円もする高価な機械を外国から購入する。

この投資に失敗すればホンダは倒産だ。

しかし結果は大成功をおさめ、名実ともに大企業への道を驀進するきっかけとなった。

「我が社はきっと一流企業になる」

と考え、恐れることなく、当たり前のように、必要な道具を購入した決断が資質だった。そしてその後、その工作機械を活用し素晴らしい製品をつくり、売上げを計上した行動こそ才能といえる。

まさしく資質を才能によって開花させた。

落語の世界には「もっと良い頭に生んでくれたらよかったのに」と親に文句をいう子供に対して「やればできるようには生んである」と見事にいい返す親の噺がある。

そう考えると、私たちは五体満足に生まれたことだけで、十分過ぎるほどの資質に恵まれていることになる。しかし、その後の努力を怠るから、せっかくの資質を才能として開花できない。才能に恵まれる者と、恵まれない者とに分かれる原因なのだ。

日々の営業活動で自分の考えを行動に転嫁できない人が多くいる。営業の意味を見出せない人、その活動の意味を見出せない人。営業をどう考えるか、営業をどう捉えるか、そもそも営業とはなんなのか、と考えがまとまらず日々の作業に流されている。

ときとして虚しく過ごし……、ときとして恐怖に耐え……、ときとして嬉々と過ごし……、ときとして落胆し……。


営業職に就いて一年が過ぎたあの生意気な若者は、数字に追われる毎日に嫌気がさしていた。アポをとり、プレゼンし、イエスまたはノーの結果に一喜一憂し、夜を迎え、朝を迎える。

その永遠に続くとしか思えない繰り返しのなかでヤル気が失せていた。

気がつくと見込客は数字にしか見えなくなっていた。今月の数字、来月の数字……と。

別の青年は、同じく営業職に就いて一年が過ぎた頃、これまで以上に湧き上がるヤル気を逆に持て余していた。

それは社内にいる先輩への憧れが生むヤル気でもあった。

あの人のようになりたい。あの人に褒められたい。あの人から認められたい、という憧れの存在。

一年でモチベーションを失う者、それ以上にモチベーションの上がる者、同じ職場で、同じ仕事をし、同じ環境にあって、心の在り様が真逆になる。同じ先輩を見て憧れる者もいれば、なんとも思わない者もいる。

自分にはもっと向いている仕事がある。自分をもっと高く評価してくれる会社があるはずだ。他社《よそ》へ行けば、きっと自分は活き活きと毎日を送れるに違いない、とモチベーションの上がらない若者はそう考え、違う職場を求めて転職への道を歩んだ。

面接の場で訊かれた。

「前の職場を辞めた理由は何ですか?」

「はい、それは私の能力を正しく評価してもらえなかったからです」

「なるほど……、それは辛かったでしょう。つまり、実績を挙げていたにもかかわらず、誰もあなたを認めてはくれなかったのですね」

「あっ……はい……。誰も認めてくれなかったのは事実ですが。実績を挙げていたわけではなくて……」

「そうすると、実績のないあなたに対して、周りの人はなにを評価すべきだったとお考えですか」

「ハイ……、私の人間性……とか、努力……とか」

「なるほど、その通りですね。たしかにあなたのような素晴らしい人を評価しなかった前職での環境は苦しいことが多かったのでしょう」

「……ありがとうございます……」

「では、追って結果をご連絡いたします。それまでお待ち下さい」

面接官はにこやかに、そして温かい眼差しで若者との面談を終えた。若者は幸せだった。やっと自分を評価してくれる、場所、人、と出会えたようで、採用通知の届く日が待ち遠しかった。

しかし、数日後に届いた通知には不採用の文字が綴られていた。

「なぜ……?」

若者は、やはり誰も自分を理解してくれないことに、改めて落ち込んだ。

一方、活き活きと働き続けているもう一人の青年はさらに充実した日々を送っていた。認められようという思いが、先輩にではなく、お客様へと移行していた。

お客様にもっと認められたい。お客様にもっと評価されたい。そのためにはどうすべきか、どう努力を積み重ねていくべきか……。

そうやって数年が過ぎたとき、青年の元へ次なる活躍の舞台が迎えにきた。さらに実力を発揮できる場が提供された。それはまさに天職としか思えないようなステージだった。

この二人の例をあげるまでもなく、ただひとついえることは、この世界に足を踏み入れた者なら誰もが売れる営業人でありたいと願っている、そして金銭的ゆとりも得たいと願っている。

人は人の中でしか生きられず、人の中でしか安らげず、人の中でしか満足できず、人の中でしか磨かれない。そして、同じ願いを多くの人が抱いている。

人は人の中でそれぞれの活動が繰り広げられ、すべての人が自分の思惑通りに計画を進めようとしている。だが、そこに大きな矛盾が生まれる。

思惑と思惑が衝突するのだから、そう簡単に予定通りに仕事が運ぶわけがない。我《が》が強過ぎると、ただ相手を利用しようという身勝手な営業活動になり、損得勘定だけのなかで営業技術を駆使することになる。

その結果、真の味方や友を遠ざけ、悪意ある者を仲間だと思い込んでしまうような過ちのなかで、働くことがキツイとしか感じられない毎日を過ごすことになるだろう。

この暗黒の穴へ入り込むような営業活動を繰り返す営業人が多くいて、その最大の勘違いは、それこそが成功への近道のように信じきっていることだ。

思惑が自分の善を捻じ曲げ、ちっぽけな栄光を手にしようと善意あふれる人を無意識に騙している営業人。

正しき道を歩こうとする者を愚者と嘲《あざけ》り、要領よくすり抜けることこそが近道だと、かどわかす営業人がいる。

ひとりの営業人が、その資質に気づかず、才能に磨きをかけられず、もがいている。

その営業人は今まさに紙一重の処に立ち、右の道を選ぶのか、左の道を選ぶのかで毎日を悩み時間を消費してしまっている。

小さな勝利を得るために大きな徳を捨ててしまい、愚者への人生を歩み始める営業人が現実にいる。

この営業人こそ、我々の日常の姿だ。

どんな思惑で判断するかはもちろん自由で、その思惑は、その人の資質そのものだ。そして、その思惑に沿って行動するのが人であり、その行動こそが才能だ。つまり資質がずれていると才能もずれてしまうのだ。

水泳で金メダルを取りたい人が、毎晩血豆を作りながらバットを振っている姿が現実に営業の世界には存在している。

自分の考えを正しい行動に転嫁できる人こそ才能あふれる人なのだ。

3 なにを考えるかは資質、どう行動するかは才能

もちろん、営業に技術やコツはある。それは誰にでも身につけることができ、いつでも実践することが可能だ。ただ、その人が資質を才能へ転嫁すればという条件がつく。

資質や才能がなければ、いくら技術を学び、コツを知り得ても、生かすことはできない。

その人と接する前に「なにか」を感じるとることができるか。

その人と接するなかに「いのち」を感じることができるか。

こう‐どう【行動】
①ある事を行うこと。しわざ。おこない。「すみやかに—する」「—をおこす」
②〔心〕人間や動物が示す観察可能な反応や行為。

その人と接した後に「おもい」を感じられるか。

これは営業における絶対的な資質だ。

生まれたとき、人は既に様々な資質は与えられている。そして、その資質を与えられた人たちが営業の世界に入ってくる。今、営業の世界で働く人は皆、この資質を備えていることに自信を持っていい。

この基本的で尚且つ最大の資質を持たない人は、如何なる理由があるにせよ、絶対に営業の世界には立てない。

そして営業の世界に立つ我々は、両親やその祖先たちから受け継いだ二重螺旋に埋め込まれた経験の記憶によって、人生経験の浅い者でも勘が働くようになっている。

お金儲けに勘の働く人、人間関係に勘の働く人、運動に勘の働く人、恋愛に勘の働く人、危険に勘の働く人、交渉に勘の働く人、芸術に……、食べ物に……、勝負に……、商売に……、物づくりに……、悪事に……。

人ひとりひとりの能力に大差はないが、いざというときに上手くいく者といかない者との違いは能力の差ではなく考え方の差となる。

考え方の差とは思考の出発点であり、思考の軸は、その人の資質にある。

資質は目に見えない導きとして私たちに関わってくる。特に営業の世界では縁の力として私たちを導いてくれる。

縁をいただけるのか、縁を育てられるのか、縁に愛されるのか、それとも縁に嫌われてしまうのか、縁は目的を持たない者には訪れない。

しかし、一度《ひとたび》目的を持つと間髪を入れずにぴたりと縁が寄り添ってくれる。傍《はた》から見ると突然ツキ出した人のように見え、自分でも不思議でならないほどすべてが上手く回りだす。

憧れの先輩の背中を追い続けているあの青年が、仕事に煮詰まっていた。そのとき青年を訪ねてきた人がいた。

年配の紳士で、聞くと、青年の父親に生前大変お世話になっていたという。

恩返しをしたいと思いながら、無情にも歳月だけが流れ、気がついたら今に至っていた。

それからというもの、青年は、その老紳士によく食事に誘われるようになった。恩返しが出来なかった分、ご子息であるあなたに「恩送り」をさせて欲しいと。

何回か食事を共にし、二人が打ち解け合った頃、青年は自分が仕事に行き詰っていることを正直に相談した。堰《せき》を切ったように話し続ける青年の悩みを、黙ったままひと通り聴き終えた老紳士は、青年にある人物を紹介した。

その人物こそ、青年の仕事を後押しする力を持つ有力者だった。

ひとつの出会いによって、青年は数か月の間、悩み続けていたことが一瞬で解決してしまう経験をした。

自分はただ悩んでいただけで、解決へ向けてなにか努力をしたわけでもないのに、たった一人との出会いで……。

これは、生前父親が人助けをしていたお陰だ。青年は世の中のためになるようなことをまだなにひとつとしていない。しかし、父親が積んでくれた徳のおかげで青年は縁を得た。

その後青年は、人に親切にするようになる。情けは人のためならず。そう、難儀な人、困っている人に優しく手を差しのべるということは、その人のためになるばかりか、巡り巡って自分のためになるという諺。

青年の父親の善行が、この子孫たちを次から次へと縁と運に満ちた家系へと変えた。どう行動するかはまさしく才能といえる。

4

運に気づくかは資質、運をつかめるかは才能

実は「縁」と「運」は営業において同義語かもしれない。

すべての運は、縁という名で人が運んでくる。それが営業の世界での常識で漢字をよく見ると「運《うん》」も「運《はこ》ぶ」も同じ字であり、運は運ばれるもので、勝手にやって来るものではなく誰かが運んできてくれることに気づく。

なぜ、あの人は出会い（縁）に恵まれているのか？

なぜ、あの人は運に恵まれているのか？

うん【運】天命。めぐってくる吉凶の現象。幸不幸、世の中の動きなどを支配する、人知・人力の及ばないなりゆき。まわりあわせ。「―が悪い」「―のよい人」「―命」「不―」。特に、よいめぐりあわせ。幸運「―が向いてくる」

そう感じる人によく会う。そのとき、その人の周りを見渡してみると、すでに多くの仲間に囲まれていることに気がつく。

それは人が明確な目的を持ったとき、誰にでも起こる現象だ。

明確な目的があり、そのためになにが必要なのかが見えたとき、その必要なものがすべて揃っている舞台が我々を迎えに来る。

その舞台に立ったなら、なんでも思いのまま、すべてが自由になる世界に勝手に運ばれていく。その世界、そのような現象を我々はポジティブ・スパイラルと呼んでいる。

自分の周りに人が集まりだしたなら、それは自分が明確な目的を持った顕れであり、力強くその目的を発信するベストなタイミングであることと覚えておいて欲しい。

そして大切なこと（勘違いしてはいけないこと）は、目的はいつも今日の先にあり過去にはない。営業人が運の力を味方につけるためには、いつも明日を味方につけることだ。明日を熱く語れる人、明日の希望に満ちている人、明日を信じてやまない人、そういう人に必ず「運」は力を貸してくれる。

次に、明日を語る才能を身につけさえすればいい。

すべての出会いが「運の力」に変わり、運の力を得たいと切望すれば、未来に対して強い関心を示せばいい。

営業とは過去になにをしてきたのかを語るのではなく、今現在なにに向かって歩んでいるのかを真剣に語る人の職業で、よく過去を語る人、自慢する人がいるが、それでは運に見放されてしまう。

運は未来を生きる者には惜しまず協力してくれるが、過去を生きる者には手を貸してくれない。

分かり易くいうと、昨日の借金を返済するためのお金を貸してくれる人はいないが、明日への投資には世界中の投資家たちがお金を出したがる。

青年を導いた老紳士は、最初からこの青年を導くために現れたのではないだろう。青年の父親に生前お世話になった。その恩送りに青年に少しだけ手を差しのべたに過ぎない。

さてここで、もし青年に運をつかむ才能がなかったならどうであったろう。

青年が無礼な若者で、横柄で、食事をご馳走になってもお礼のひとつ、挨拶のひとつもできないような若者だったら。

老紳士の性格は、お世話になった恩義を忘れないような人なのだから、律義で人間味あふれる真面目な成功者のはずだ。そのような人が、一度だけで終わらず、何度も食事に青年を誘った。

青年は礼儀、躾、という才能にあふれていたのだ。

運をつかむ才能にあふれていたのだ。

5 好かれるのは資質、愛されるのは才能

嫌われないからといって好かれるとは限らない。逆に、好かれないからといって嫌われるわけでもない。

顧客は薄情なのだ。それに完全な自己中心的でわがままだ。自分の価値観で我々を否定もすれば肯定もする。

それなのにすべての顧客に好かれようと努力する営業人がいる。

すべてに好かれたがるものは誰からも好かれない。

ひとりに嫌われるものはそれ以上に愛される。そして嫌われない

す‐く【好く】 人や物事に心が強く引かれる。好きだと思う。～に愛情を感じる。～が気に入る。

から好かれているのではなく、嫌われもし、好かれもする矛盾のなかに営業人はいる。

嫌われないように行動する必要はない。

嫌われてもいい、と行動できる覚悟を持つのだ。その覚悟を持つ者が人から好かれるようになる。顧客は、可もなく不可もなくというバランスの良い生き方をする者より、どちらかに偏った生き方をする人を愛する。

そして営業人は顧客の注目を得なければ活動が広がらない。活動を拡げられる者を才能あふれる営業人とみる向きがある。つまりバランスよく営業活動を続けていたのでは、誰からも憶えらない平均以下の営業人となる。要は人から妬まれる、嫉妬される、嫌われる、それくらいが丁度良い生き方なのだ。嫉妬する心は、自分には出来ない、という思いから生まれるのであり、その人と違う道を歩いていることを証明しているに等しい。

人は正しいことをすればするほど周りの人から嫌われ、疎まれるものだ。

挨拶を先にする、ハイッと返事をする、元気に振舞う、笑顔を絶やさない、儲け話に飛びつかない、媚び諂《へつら》わない、嘘をいわない、自分の意見をはっきり伝える、大衆の意見に流されない、仕事に対して妥協を許さない、誰に対しても公平である、進んで声掛けをする、などを徹底していると、周りから、押しが強い、返事だけはいい、単純だ、さらには頑固だ、冷たい、厳しい、などと陰口が聞こえるようになる。だが、それくらいがやはり丁度良い。

好かれる行為も嫌われる行為も、どちらも簡単にひっくり返してみることができ、好かれるのも嫌われるのも、環境の視点によるもので、目立てば必ず何らかの評価が下され、なにもしなければ、好かれも、嫌われもしない。しかし、営業は日々の活動をどう評価されるかであるため、動き続けなければならない。つまり動けば評価される。その評価が「好き」か「嫌い」か、を生んでいるだけなのだ。

どちらかの評価を得るなかで「好き」といわれるのは資質にある。その資質を才能に育てられるか……。

好かれるなかにおいても、やはり嫌われる。

自分を嫌いだという者を、なんとか振り向かせようと努力してはいけない。それよりも、自分を好きだといってくれる人に対してさらに自分を好きになってもらう努力をすべきだ。

6　心は資質、技術は才能

お喋り好きが営業の資質だと勘違いしている人が多くいるが、無口な人でも、好きなことや興味のあること、また熱中していることには急に饒舌《じょうぜつ》であったりする。そう考えると、お喋りの人が営業の資質にあふれているとは限らない。

営業は、話したいことを話すのではなく、相手の知りたいこと、相手が聴きたいこと、相手の知りたいことを伝えられるかどうかであって、素人のお喋りとプロのお喋りは根本的に違う。また、人の

ぎ・じゅつ【技術】 物事をたくみに行うわざ。技巧。「—を磨く」

話をジッと聴ける行為が営業の資質であったりする。

相手のいいたいこと、伝えたいこと、訴えたいこと、をまずよく聴くことができなければ、それに対して応えることはできない。

「高いよね」

見込客はよくこう切り返してくる。

この言葉が飛び出す度に、必死に「高くはない」と説明をする営業人を見かけるが、「高い」は断り文句でないことを知らないのだ。

人は「安い」物より「高級」な物を欲しがっているし、また、無意識にお金持ちで在りたいと願っている。誰しも安いスーツより高級なスーツを着たい。粗悪品よりブランド品を得たい。養殖物より天然物を食べたい、たまには素敵なレストランで食事をしたい。

しかしそれらはすべて高い。決して安くはない。

人は無意識で「高いモノ」を求めている。しかし同時に無意識で自分の分をわきまえてもいる。その価値観を持った上でお客様がいう「高い」は、断り文句ではなく確認作業であることに気づかなければいけない。

では、なにに対しての確認作業なのか？

一般的に見込客は、自分の手に入れられないような高額なモノを前にしたなら黙ってその場を立ち去るか、静かに微笑むのみだ。要は、高いのか安いのか、その価値を理解できないレベルのとき、見込客は無口になる。

しかし、手に入りそうなとき見込客は、敢えて「高い」という傾向が強い。それは、購入できる範囲なので心理的余裕から、より良いモノを、より安く、確実に手に入れたい、と思うからだ。

そして、「高い」という心理の根底には、高価なモノを自分が買う行為に対して、客観的に正当化する理由を欲している。

その商品（高級品）を自分が得る正当性（説明）を我々に求めている。

だから見込客はいう。「高いよ」と。それに対して、コストの説明や値段の裏づけなどいらない。見込客がその商品を持つに相応《ふさわ》しいと客観的にいって欲しいのだから、これは、間違いなく、あなたに相応しいと断言するだけでいい。

質問の裏にある、その期待を感じ取れるかどうか……。

それを聴き分けられるかどうか……。

つまり本質を見抜けるかどうか……。

この本質を見抜く力は才能で、資質ではない。

我々にとって、大切な技術なのだ。

この技術は、訓練と経験によって誰にでも身につけることが可能であり、誰でも本質を見抜けるようになる。しかし、心が技術を越えない限り、決してこの技術は生かされない。

技術というものは、上手い下手はあっても、誰でも身につけられる。その身についた技術をどこで使うかが大切だ。

もし、技術がお客様のイエスを得るためだけとしか考えられないのなら、それはノコギリで紙を切る行為に等しい。ノコギリの使い方は知っているが、なにを切ることが相応しい道具なのか分からないのだ。

木を切る道具を用いて、紙を切る愚かさに気づかず、この道具（技術）は使えないと文句をいってしまう。

切ろうとしている物が、木なのか、ガラスなのか、金属なのか、石なのか、紙なのか、とどのつまりは、切ろうとする対象物を見抜けなければ、その技術は決して生かされない。

あの若者が、営業の技術セミナーで応酬話法を学び、そのなかのひとつにあった「イエスバット」を早速試していた。

顧客から「高いね」といわれた途端、意を得たりとばかりに「確かに高いと感じられるかもしれません。しかし当社の商品は……」と切り返していた。

そして商品説明を繰り返すうちに、顧客はうんざりしてしまい、結局ノーという結論に至った。

その若者は「使えないな、あのセミナー」と内心文句を並べ「来月からは別のセミナーに変えよう」と決心する。

若者は「高い……」といってきたときの顧客心理を理解できなかったのだ。

7 学ぼうと思うのは資質、活用できるかどうかは才能

いつでも学ぼうという姿勢があることは大切な資質なのだ。例えば勘違いが多くても、間違っていても、なにかを感じていれば学ぼうとする。

ただ、その学びの目的に問題があればどんどんずれてしまう。

もし、はなから技術に走っていたのなら、学ぶ以前の問題かもしれない。

かつ・よう【活用】 生かして用いること。効果のあるように利用すること。「余暇を—する」

若者は違うセミナーを主宰するある講師に尋ねた。

「簡単にイエスにできるトークを教えてくれますか」

講師は満面の笑みを浮かべてこういった。

「もちろんです。そのために私がいるのですから。あなたは寄り道をせず、真っ直ぐ私の講座に来るべきでした」

若者は講師の返答に満足した。

「これだ！　自分が求めていたのはこういう講座だったのだ」と。

そして受講料を確認して驚いた。前の講座の三倍だった。

「高いですね……」

思わず若者はそうつぶやいていた。

「もちろん高額です。なぜならそれだけの内容だからです」

そこで講師は一旦ことばを切った。

そしてジッと若者の眼を見据えてからこう続けた。

「でも、この講座の内容と金額に関しては、あなたならきっと理解できるはずです。私が説明するまでもなく……。あなたこそ、このレベルの講座に相応しい人なのだから」

若者は照れて赤らんだ顔を見られまいと俯きながら答えた。

「よろしくお願いします」と。

講師は自分の講座の受講料についてクドクドと説明などしなかった。

この価値を理解できる人が一流なのだと間接的に感じるよう誘導しただけだった。イエスバットの技術で……。

若者が使えなかったイエスバットを講師は簡単に実践してみせた。そして若者から簡単にイエスを引き出していた。

若者は「ついに理想とするセミナーに出会えた」と大満足で家路についた。もちろん、自分が見事なクロージングにかけられたことに気づかぬまま……。

さて、簡単にイエスにできるトークなど本当にあるのだろうか。

しかし、この講師は実際に若者を簡単にイエスにしてしまった。

では、若者ではなく、もう少し経験を積んだビジネスマンだったならどうであったろう。また、それ以上にキャリアのあるベテランだったなら……。

答えは簡単だ。

イエスには出来なかった。

それ以前に、このセミナーの入口を覗くことすらしなかったはずだ。

この講師が開くセミナーに集る客層を見れば分かるだろう。


翌週、若者は早速仕事帰りにセミナーへ参加した。

受講生の人数はかなりの数だった。

しかし、なぜか参加者の質が前のセミナーより劣っているように感じた。それに自分と同じように若い人が多い……。また雰囲気も軽い。自分も軽い方だが、それよりも軽い……気がする。

派手な服装、派手な持ち物、派手な髪型……。

ファッション誌から抜け出してきたような身なりの人が多くいる。

表面上のヤル気だけはムンムンしている。

それでも、セミナー内容は充実していた。実践的な技術にあふれていた。

お客様の前での驚き方を手取り足取り教わった。目を剥いて、必要以上に身体を仰け反らして、少しの間を置いてから「そんなぁ、勘弁してくださいよぉ」などという台詞《せりふ》の練習を真顔で繰り返させられた。

次にはノーをいわれたときの切り返しとして「えっ」という驚き方を教わった。

能
050-1032-4748 FAX.03-4496-4021
著者 中村信仁
本体価格
1,300円(税別)
ISBN978-4-903707-60-0
C0030 ¥1300E

この「えっ」はお客様の予想を覆《くつがえ》す反応で非常に効果が高いという。

「えっ」と大げさに疑問を投げかけることで、お客様は「イケないことをいってしまったのか」とか「他の人と違うことをいってしまったのか」という自問が始まると説明された。

お客様は集団心理の中で暮らしているため、人と違うことを嫌う傾向にあり、人と違う判断をすることでリスクが自分一人に集中するのを恐れている。

みんなが同じであればリスク分散ができる……そんなことを講師はいっていた。

だから「えっ」なのだ……と。

また、みんなで向かい合って「えっ」の大合唱が始まった。あっちでも、こっちでも「えっ」と。

教室にはときどき講師が誰かを褒める声が大きく響き渡る。

すると自分も褒められたいとの一心から一段と会場内で「えっ」が大きな声になって繰り返し響き渡る。するとまた誰かが褒められる。

今日のセミナーを終えた若者は、学んだことにかなり満足していた。

明日からの営業にすぐ実践しようと意気揚々と家路についた。

これらの技術は確かに顧客心理を突いているかもしれないが、一体なんのための技術なのか？

そもそも技術とは、なぜ生まれ、どう活用されるべきものなのか。

茶道にも華道にも技術がある。

剣道や柔道にも技術がある。

武道は元々、「道」になる前は「術」と呼んでいた。武道ではなく武術。剣道は剣術、柔道は柔術などのように。

そして、武術は相手を殺傷するための術だった。

自分が負傷することを極力少なく抑え相手のみを殺傷する技術。

戦った相手とは二度と会わないことを前提にどんなことをしてでも勝てばよいと生まれた。

ただ、それでもやはり卑怯な勝ち方では評判が悪くなるため、技を磨き、見事な勝ち方を修めるために練習に励んだ。

これが「術」の中から磨かれた技、つまり技術となった。

しかし、茶道や華道は初めから「技」だった。

技の中で生まれた道は、心を磨くことを大切にし、無駄をなくす所作に秘められた「美」の追求が技を極める道へとつながった。

茶は飲むが如し、花は咲くが如し、を極める道……。

そして、営業人には営業術など必要なく、大切なのは道の追求で、売るが如し、買うが如し、を極める道。在るがまま、いつもただひとりの自分の世界観を以て、お客様が喜んで買って下さることこそが営業の道。

瞬間芸で見込客を煙に巻いて、イエスをとるための技術を学ぶのでは、この営業という仕事を何年続けられることだろう。

もっと客観的に考えれば分かることがある。煙に巻いてイエスを頂いたお客様が後々紹介をして下さるだろうか。紹介など有り得ないだろう。すると、常に新規を追い続けなければならない。多分日々地獄の営業活動になるだろう。

この世界のプロは、新人に決して話術は教えないものだ。ことば遣いは技術ではなく常識なので指導するが、このセミナーのような愚劣な学びを否定するのが資質にあふれる営業人であり、技術を道と心得て、その目的を知ることができる人……それが営業人なのだ。

8 プレゼンは資質、クロージングは才能

営業でいう会話術とは語りにある。

語るのはこちらで、お客様のなかにはスクリーンがあり、お客さまのスクリーンの奥行き以上の語りができるかどうかだ。

見えるように語れるのか……、お客様のスクリーンに絵が浮かぶように語れるのか……。

それがプロの会話術だ。

雨が降っている情景を何パターンででも表現できてこそプロであ

クロージング【closing】
イエスかノーかの確認作業。

り、吹く風の音が聞こえてくるように語れてこそプロだ。

真夏の暑い日に、真冬の寒さを……、木枯らしの吹く季節に、野に咲く春の花を見せられるのか……。

語りはこちら、スクリーンはお客様にある。

それには生きたことばを使える人であることが望ましい。

ただ、生きたことばというと、善いことばを想像してしまいがちだが、悪いことばも生きている。だから、生きたことばを発する側の資質が大切になる。

善き資質を持つ人は善きことばを発するし、悪しき資質を持つ人は、悪しきことばを発する。

大切なことは、いくらプレゼンを磨いても、いざクロージングになると、その人の資質が表に出てしまうことにある。
その人自身の心の在り様が顕在化してしまうのがクロージングなのだ。

さて、あの若者は自己投資を惜しまずセミナーに通い続けていた。
しかし一向に成績は伸びない。
学んだことを忠実に再現するのだが、お客様からイエスをいただけないでいる。
応酬話法を駆使し、一生懸命笑顔で頑張るがイエスにならない。
お客様は見抜いていた。一生懸命の笑顔の奥にある魂胆を……。
自分を「数字」として見ていることを。

クロージングとはなにか?

それは、ひとりで演じきる舞台で、一挙手一投足のすべてが見事な立ち居振る舞いとなることが理想だ。

プレゼンが台詞《せりふ》、クロージングは演技……。

クロージングでの演技とは、本来「素の自分」を魅せ切るだけでいい。素の自分をお客様に見抜いてもらえばいい。つまりお客様は演出家で、役者である我々を使いこなそうとしてくれている。

若者は、イエスの反応が出るまで、とても丁寧に一生懸命プレゼンをしていた。

たまたま色よい反応が出ると、つい嬉しくなり、お客様の気が変わらないうちにサインをいただこうと焦り出す。

するとお客さまに小さな疑問が芽生え、若者への印象に変化が生まれる。

信頼していいのか……と迷いだす。

若者が鞄から書類を出し入れする動作をお客様はジッと見ている。

大切なはずの書類を無造作に扱うことを不快に感じている。

鞄のふたを開け閉めするときに立てる音を不快に感じていた。

ひとつひとつに、かすかな嫌悪感を覚えていた。

落としたペンを拾おうとテーブルの下に手を伸ばしたとき、若者が靴から踵《かかと》を出し、だらしなく足を開いているのが眼に入ってしまった。

そしてワイシャツの袖口が汚れていることにも気がついてしまった。

ネクタイにラーメンか何かの染みもついているようだ。

換気の悪い店でランチをとったのか頭髪から油の匂いが漂っている。

改めて表情を観察すると、一生懸命笑顔をつくっているのだが、どこか違和感がある。

一事が万事。お客様は興味を失していた。それでも若者はくどくどプレゼンを続け、お客様がうんざりしていることに気がつかない。

しびれを切らしたお客様は若者へノーを告げた。

「えっ！」

セミナーで学んだ通り驚いてみせた。

講師がいうには、ここでお客様は「イケないことをいってしまったのか」と自問が始まると説明していた。

若者は内心「にやっ」として待った。

しかし、お客様の口を飛び出した言葉は怒鳴り声だった。

「なにが、えっ、だ！」

若者は挨拶もそこそこに、その場から逃げるようにして立ち去った。

そして、なにがいけなかったのか……考えてみたが、まったく理解できなかった。そして思った。

「使えないな、あのセミナー」と。

プレゼンの練習は誰でも繰り返し行うが、クロージングの練習をするのは難しい。

クロージングとは我慢なのだ。

プレゼンの三倍の時間を使って、プレゼンの五倍の神経を張って、プレゼンの十倍の緻密《ちみつ》さが必要になるのがクロージング。

その意識が練習によって身につくと、今度は逆にプレゼンの十分の一の時間でクロージングが決まるようになる。

クロージングに必要な資質とは、人として受け入れられるかどうか……、人としてお客様に認められるかどうか……。

そのために普段から当たり前のことを当たり前にできる「人」になる練習を怠らないことなのだ。

9 営業の資質

朝、玄関には二足の靴がある。

ひとつは「また今日も始まるのか……」という靴。

もうひとつは「さぁ、今日も始まるぞ！」という靴。

どちらの靴に足を入れて家を出るのかは本人次第。

でも、どちらの靴を選ぶのかは、その人の資質であり、そしてその日に選んだ靴を脱ぐ瞬間まで、履き続けられるかがその人の才能となる。

えい・ぎょう【営業】
①営利を目的として事業をいとなむこと、また、そのいとなみ。商業上の事業。商売。「午後七時まで―する」
②営利行為を反復かつ継続的におこなうこと。

毎朝、私たち営業人はこの選択を繰り返す。

雨の降る朝、窓の外を眺めて、

「今日は雨か……」と嘆くのか、

「雨の日は雨の中を歩こう」と受け入れられるか……。

それは、心のもちようだ。

営業という職業は、辛くて、きつくて、しんどいもの。

しかし、そのなかに楽しみをみつけられるのか、そのなかに喜びをみつけられるのか、だろう。

例えば、お客様との約束が変更になったとき、

「約束をなんだと思っているんだ」と怒る人と、

「よし、ハガキを書く時間ができた」と即座に切り替えられる人。

この二人はいつも自分のなかにいる。

ネガティブに受け止める自分と、ネガティブを受け入れる自分の違い。

ネガティブな自分を追い出そうと努力する人をよく見かけるが、ネガティブが心から消えることはない。もし仮にネガティブがなくなったなら、実はポジティブも一緒に消えてしまう。

面白いことに、ネガティブとポジティブは表裏一体で同じモノだ。

ポジティブになろうとする行為は、自分のなかのネガティブを強くする。ネガティブであることを受け入れるとポジティブも湧いてくる。嫌な事象があったなら、それをできるだけ早く受け入れてしまうことだ。

清濁あわせ持つ人、すべてを受入れられる人、それらをポジティブと呼ぶ。

嫌な事象に対して「ツイてる」ということがポジティブではない。人生なんて、いいことも悪いことも、全部ひっくるめて人生だからだ。そして営業という仕事はその縮図なのだ。

10 営業の才能

また、営業で最も大切なことは、ネガティブからの脱却ではなく、自分の思考の癖を知ることだ。過去の経験（記憶）から今を考える癖なのか、未来の姿を想像することから今を考える癖を持つのか、人間はどちらかだ。

ただどちらであっても問題はない。過去から今を考える人を単純に「慎重」な人と呼び、未来から今を考える人を「活発」な人と呼ぶ。

営業の才能は、どちらの癖を持っていようとまったく構わない。

くせ【癖】
①かたよった嗜好または習慣
②いつもそうであること。ならい。ならわし。

とにかく人前ではポジティブでいればいい。

そして部屋に戻ったら、上手くできなかったこと、失敗したこと、辛いこと、悲しいこと、苦しいこと、に打ちひしがれていても、誰からも非難を受けることはない。

このようにひとりのとき極端にネガティブであったとしても、ネガティブと上手に向き合えるようになりさえすれば、自然と同じ大きさのポジティブが顕在化する。

ポジティブになろうとしてネガティブを抑え込むことは、ただストレスが増すばかりでしかない。

そもそも営業の才能とはなにか……。

それは「どう行動するか」だけ。

正しい問いかけをおこない、その答えに対して迷わず行動するだけだ。

朝、玄関で靴に足を入れるまではネガティブでも、靴を履いて一歩外へ出たならポジティブに動く、それだけなのだ。

一期一会の覚悟

そもそもクロージングとはなにかということをよく議論する。ある会社では契約書を作成する行為をそういうらしい。また、ある会社では契約書にサインを迫る行為だときいた。

なにが正しいのかという答えはないのだが、クロージングの定義づけをきちんとしておかないと強い組織をつくることはできない。

いや、強い組織というより、正しい営業活動が困難になる。

クロージングとは契約を強引に迫るもの、という定義でいると、嫌われたくない営業人《びと》はクロージングをしなくなる。

人として否定されたくない。

自分は物売りではない。

買って欲しくてつき合ってきたわけじゃない。

対等な関係を維持したい……。

これらの理由から、いい人でいたい営業人はクロージングをかけない。では、クロージングをかけない営業人は好かれるのかというと、結局のところ、ただ上辺だけのつき合いを数か月続けているだけで、好きか嫌いかの段階にすら達せず終わっている。

クロージングをかけないでなにをしているのか？

ただ待っている。

お客様から「お願いします」といってくるのを待っている。

つまり、お客様から「お願い」したくなるようなことが起こるのを待っている。人生においてすべての条件が揃うという奇跡を待つように。

クロージングはイエスを迫るのではなく、お客様が「イエス」なのか「ノー」なのか、その確認をする行為だ。

だから、クロージングをかけたからといって嫌われるとしたら、そもそも基本動作を根本的に間違っていたか、もしくは、最初から嫌われていたかだけだ。

ひと通りプレゼンテーションが終わった。

次はお客様に「どうします？」と確認するだけ。

なぜ、それができないのか。

いや、なぜそれをしないのか。

たったこれだけのことをなぜ怖がるのか。

営業の資質を持ってこの職業に就いた。

人から嫌われにくいという資質。

しかし、嫌われないからといって好かれるわけではない。

人に好かれるには努力がいる。それが才能だと説明した。

クロージングは才能だ。

訓練によって開花させるもの、そして練習によって身につける技術。自分のなかに存在する資質を才能へと変えることを、営業の世界で「技術」と呼ぶ。

さて、クロージングの定義づけをしていない組織は、弱い性格の人、八方美人の人、優柔不断な人が組織に多く集まる。見た目はバランスの良い組織に映る。また、一見、数字を上げそうに見えるからやっかいだ。

「納得いくまでご検討下さい」

「改めてこちらからご連絡させていただきます」

このようにお客様の前で恰好つける。

要は、自分がされたら嫌だから……。嫌なことは人にはしない。

こんな理由にもならない理屈から。

しかし、繰り返すが、クロージングをかけて嫌われるような営業人は最初から好かれていなかっただけだ。

クロージングはお客様をイエスにする行為ではない。

勘違いするな。

クロージングとは、あくまでもお客様への確認作業だ。

理解したのか。

質問はないか。
懸念はないか。
決断を邪魔している要因はないか。
決められない理由があるのか。
金銭トラブルは存在するのか。
このような様々な確認作業を面倒がらずに行うことがクロージングだ。
嫌われたくない、という理屈でクロージングをかけない営業マンはただの怠け者だ。
だからしっかり初見でクロージングをかけること。
お客様は、クロージングをかける営業人を信頼する。

それはなぜか？

簡単だ。

仕事に対して自信を持っていると感じるからだ。

自分の仕事に対して強い信念を感じるからだ。

初めてプレゼンテーションを完了したお客様に、必ずクロージングをかけろ。それをしないから、プレゼンテーションが薄っぺらくなると知れ。

一期一会。

常にお客様と我々は一期一会なのだ。

もう二度と会えないかもしれない。だから私は、この機会に、最後までお客様に接するのだ、という覚悟を顕せ。

その精神が、お客様からの信頼となる。

第二部

営業の意味

い - み【意味】

①ある表現に対し、それによって指示される内容。

②物事が他との連関において持つ価値や重要さ。

広辞苑第四版　新村出著　岩波書店より

1　イエスかノーか

営業という仕事を難しいと思う人と、こんなに簡単な仕事はないと思う人がいる。毎日ノーの連続の人と、毎日イエスに囲まれている人がいる。

ノーの連続に喘ぐ人が努力をしていないのかというと、不思議なことに、その人は非常に努力家で研究熱心で営業理論や仕事への取り組む姿勢は見本となる人が多い。

それなのにイエスに結びつかない。

ここに営業への資質が関係してくる。つまり売れない人は、

《ノーの人をイエスにしようと躍起になっているのだ》

誤解してはならないことは「ノーの人」の定義である。

「ノーの人」とは、お客様がノーをいうことではなく、我々のなかにある「ノー」だ。

つまり、自分自身が「お客様は自分が説得しなければイエスにならない。つまり、なにもしなければ『ノー』なのだ」と考えていることに問題がある。

世の中にはノーの人とイエスの人がいると本能的に思い込んでし

まっていて、イエスをもらえない人にとって、すべての人がノーであり、そのなかから自分の力でイエスにしようとプレゼンテーション・テクニックを磨く努力をしている。

逆に普段からイエスに囲まれている人は、元々顧客はイエスであり（少なくとも潜在的にイエスであり）、サインするきっかけを欲していると考える。

だから自分がイエスにしているのではなく、元々イエスの人に会って詳細を詰めているだけなので、それには技術も工夫も必要ない。ただ、誠実な態度と誠意をもって顧客に接するだけで良いと考える。

思考の出発点をどこに置くか、その違いがイエスとノーを顕在化させている。

このような思考の出発点の違いは態度の違いとなり、態度の違いは行動の違いに……、つまり、動作、表情、言動、に大きな違いを生むことになる。

ノーから出発する人は、

「高いと思うかもしれませんが、この商品のメリットを考えると……」

というクロージングを実行する。

イエスから出発する人は、

「納入時期はいつがよろしいですか？」

というクロージングになる。

同じ商品、同じ価格であっても、クロージングの違いで、お客様が抱く商品へのイメージはまったく違ってくる。

イエスが当たり前の人にとって、当然、プレゼンテーションは簡単になり、クロージングもシンプルだ。

一方、ノーの人をなんとかイエスにしようとしている人は、営業活動のすべてが難しいものと考える。複雑な作業の連続で、益々、すべての人はノーなのだという確信が強まり、もっと技術を磨き、もっと理論を精査し、もっと人間力を高めなければと必死になる。

顧客のノーを、自分の力と技術でイエスにする努力を積もうと考え、益々勉強に励む。

私たちはこの状態を「ノー疾患」と呼ぶ。

この疾患はかなり強い感染力を持つ。

社内に……、チームに……、組織に……、このノー疾患が現われると、たちまち広く感染し、「イエスをいただくには努力が必要なのだ」という気分が蔓延してしまう。

過去の営業会議を思い出せばいい。

「どうやってイエスをいただこうか？」

「どうしたらお客様に買っていただけるのか？」

このような会議を何度も繰り返していないだろうか。

これがノー疾患に感染している状態だ。

このような会議の軸にあるのは、売れないことや不況であることを前提に、大切な時間を浪費することだ。

突き詰めるならば営業という仕事は、自分の技術や自分の態度でお客様をイエスにしたりノーにしたりする仕事ではない。

営業だけに限らず、この世の中のすべての仕事は、お客様の問題を解決するためにのみ存在している。自分たちの利だけを求めて歩いていたのでは、必ずお客様から存在そのものを否定されることになる。

不況になると消えていく人々が後を絶たないのは自分の利だけを求めて営業活動をしていたからだ。

不況のときこそ必要とされるのが私たちであって、売って終わりの営業はただのモノ売りであることを知るべきだ。

真の営業とは、お客様の困っていることに対し一緒に挑戦する勇気を活動のなかに表現することであり、成果はその挑戦によってもたらされ、解決によって満足を生むのでなければならない。

営業の意味は「売る」ことではない。

お客様の問題解決のお手伝いをすることだ。

2 営業を創造する

世の中には大きく分けて二つの仕事しかない。

守る仕事と創る仕事。

警察や消防などは世の中を守る仕事の代表例で、彼らは仕事を創る必要はない。

創る仕事の例は、教育者（人を創る）、科学者（法則を創る）、宗教家（道徳を創る）、革命家（社会を創る）、発明者（仕組み、モノを創る）など、すべて創る人たちだ。

私たち営業人も仕事を創る側にいる。評論家然として売れない理由や理屈を並べることが仕事なのではない。

創る人は積極的でなければならず、保守的であってはならない。理念を抱き、確固たる信念を持ち、仕事の意義を信じ、果敢に状況を改善し、新たなる仕事を創造し続けるため、営業人は常に情熱家であることを求められる。そして理想を持たない情熱家はいない。夢想家ではなく情熱あふれる理想家であるべきだ。

そして、創る人はポジティブでもある。普通のポジティブなどではなく、ポジティブの二乗、ポジポジな人。

情熱の湧き出る泉を腹中におき、明確な目的を声に出し、ポジポジな思考で創意工夫に挑戦し続けることが仕事を創造する第一歩なのだ。

営業人が、もし、シェアを守る、売上げを守る、信用を守る、などという発想で活動したならば、すぐさま保守的になり、学ぼうとする気が萎え、時代の変化への対応を億劫がり、たちまち過去の人、過去の組織、過去の会社へと忘れ去られてしまう。

私たちは、市場を創り、売上げを創り、信用を創り、仲間を創り、お客様を創り、新たな商品を創り、感動を生み出し、満足を生み出し、喜びを生み出し、そしてリピートを創造しなければいけない。

つまり、数字から逃げない心を持つことだ。

そのために必要なのは、最初から大きなことを為し遂げようとするのではなく、目の前にある目標を淡々とやり抜く実践力だけでいい。

営業は「如何なる困難に直面しても目的を放棄しない」という強くて折れない心があるかどうかだ。

3 目標を設定する

目標とは、先月のやり残しを今月に移行するものではない。どこをどのように改善し、どれだけ時間を活用できるか。それをいつまでにどれだけ達成するのか。数値に置き換えることをいう。売上げばかりを数値にするのではなく、日付や時間も数値にする作業を目標設定という。

目標設定のできない人は思考停止状態にある。

思考停止は電池の切れた目覚まし時計と同じで、時間がきてもべルが鳴らないから、いつまでも寝ていられる。

思考がスッキリしない、仕事に集中できない、どうしてもヤル気が起きない、という人はネガティブの二乗でネガネガの人だ。

このような人がそばにひとりでもいると大変なことになる。ネガネガな人は暇なので、必ず誰かをネガにする。

引きずり込まれないためには数値から目を離さないこと。

数値こそ営業人の目標で、その目標の先にある目的が必ず私たちを迎えに来る。

不思議なもので、自分が掲げる理想というのは、自分が達成できるレベルに合わせて確実に成長していく。

そして自分が設定した目標を達成する方法は目の前の「小を為す」

ことのみだ。この簡単な法則に気づかず、大を為すことばかりに目を向けてはいけない。

明確な目標設定ができれば必ず思考は勝手にフル回転する。創意工夫が湧き上がり、天の声の如く、やり方や方法が神懸《かみがか》り的におりてくる。

守る仕事ではなく、創る仕事の側に立つものの最大の武器は技術ではなく情熱なのだ。

もう一度、自分自身を再点検して欲しい。

目標は明確かどうか見直して欲しい。

創意工夫が湧き上がっているか、情熱があふれているか、仕事が楽しくて仕方ないかどうか。

あなたは無限の可能性を持っている。

その可能性を引き出すのは「絶対にあきらめない」という意思の力だけ。

自分で決めてしまう限界が、どれほど自分を甘やかしているかを知らなければいけない。

営業とは自分で限界を決めてしまう如く、
自分がイメージしている以上のことは決して出来ない。

4 なにを見ているか

多くの人は、「今」と「自分自身」のことだけを考えて生きている。

ある人は、「一週間」と「自分の家族」のことを考えている。

また別の人は、「一か月」と「自分のチーム」のことを考え、また ある人は、「一年」と「自分の会社」を。

ある人は、「十年」と「自分の国」を考え、ある人は、「百年」と「人類」を考えて行動する。

足元を見るのか、ちょっと先を見るのか……。

明治から大正にかけて活躍した政治家に後藤新平という人がいた。彼が政治家になる前の医学研究中の青年時代のこと……。幕末の人傑、勝海舟の門を叩き出世するための道を尋ねたところ、勝海舟は後藤新平に見所ありと快く接見してくれた。

「君は医者の勉強中らしいが、頸の運動はいく通りあるのかな」

とぼけた顔で勝海舟が聞くと、後藤新平は真面目な顔で答えた。

「頸の運動ですか……。前屈……、後屈、左右転……でしょうか」

「もうないのかい」

「ええ……、それだけだと思います」

「今の若い人たちは大事なことが分かっていないね。もうひとつあるじゃないか。ほら、こうやってちょっと頭を持ち上げてみるという運動さ」

勝海舟は続けた。

「人の一生には、どこを向いても暗雲立ちこめ、八方ふさがりというような感じのすることがある。そんなときは、ちょっと頸を持ち上げてごらん。すると、ずっと広い、明るい、世間が見える。人間の一生のうちには、この訓えの役立つ場面が多いからね」

後の後藤新平は、人の意表に出るような桁違いのアイディアを出すことから「大風呂敷《おおぶろしき》」といわれた人だ。

しかし、頸を持ち上げるから、世間の人より十年か二十年先が見えた。大風呂敷でもなんでもなかった。

要はなにを見ているかという資質が営業では問われるのである。

苦しいからといって足元だけを見ているのか、ちょっと頸を上げて周りを見てみるか。

すると、意外に自分より大変な人がいたりして、今日までの悩みがアホくさくなる。

ギリシャ語に「エンテレケイア」ということばがある。

アリストテレスの哲学の概念に、可能性は現実性を秘めているというのがあって、簡単にいうと、花の種はどれも同じに見えても、大地に蒔けばやがて成長し、薔薇は薔薇らしく育ち、スミレはスミレらしく育つ。

そしてそれぞれの美の極限に向かって生育していく。

それぞれが、それぞれらしさをギリギリまで表現した姿を「エンテレケイア」という。

可能性が現実性を結んだ状態。

営業人にもそれぞれ無限の可能性が秘められている。その可能性は、確実にエンテレケイアする。

一瞬、一瞬のネガに左右されることなく、ちょっと顎を上げて暮らす。ちょっと顎を上げて活動する。そうやって人間的魅力を輝かせなければならない。

イカダを組もうとする者はその材料を探し、

大きな船を創ろうとする者はその材料を見る。

両の目は、目的によって見るもの、見えるものが違うのだ。

5　人間力とはなにか

人間力ということばが飛び交う。

人間力とは「人間的魅力」の略語なのだろうと勝手に解釈する。

人間力を高めるとは、人として魅力あふれる人になることであり、営業人における魅力とは「粋」であることか。

野暮はいわない。つまり、どんなときも粋に振る舞う心意気。

西洋の学者ロバート・ハッチンズ博士が、ギリシャ時代から二十世紀までの大思想家たちの大著述で、グレイト・ブックス（エンサイクロペディア・ブリタニカ出版）という全五十四巻のなかで、日本の「粋」という文化と同じことを述べている。

人間は道徳的、理性的、精神的存在である、
がまた一方で、物質を必要とする。
人間はそれなくしては生きられない。
しかし、それを無限大に必要とするのではない。
物質にとらわれ過ぎると、
自己独自の能力を完全に開発するという
真の目的へ向かっての進歩が阻止され、
助長されることはない。

シカゴ大学で二十一年間、総長として教育現場に就いていたロバート・ハッチンズ博士は、人間の目的、人生の目的はお金ではないといっている。

「人は生涯をかけて自分の可能性を引き出し、
真に自律的で自由な存在となることを
目的とするのであって、
お金はその手段なのだ。」

粋な生き方をせよ、と西洋人も感じていたようだが、市場経済を生み出したのも彼らだ。そう考えると、どこまで本気か不明だ。

やはり精神社会においては日本人の右に出る国は存在しないのだ。まして西洋人には本当の意味で「粋」を理解することは無理だろう。

そのように考えると、営業という職業は、仕事を通して人間的魅力を磨くための在り様にさえ思える。

多くの人からご縁をいただき、多くの人へご恩を送るのが営業。お客様の問題解決をするなど生意気をいいながらも、結局はお客様に助けられてばかりなのが営業だ。

よく「一文の得にもならないことをするな」という人がいるが、よくよく考えると、世の中、得なことなどそうそう有りはしない。

逆に損得だけの計算をし、いかに得をするかばかり考える人間（組織）が多いが、損得を超越した場所で、お客様と向き合ってみると、真の喜び、やりがいというものは、感謝される行為のなかに存在することに気がつく。

一文の得にもならないことだらけの生き方だからこそお客様は受け入れてくれるのだ。

営業とは、生き方そのものが人生道場。

折れない心を養うために、最も厳しく、そして最も楽しい道場だ。

6 少し損をしてみる

グローバルスタンダードなる言葉が世間を闊歩した。日本語に訳すと、世界標準の損得勘定だ。

実にあほらしい。

営業の世界で、損得勘定をしていたら、時間がいくらあっても足りなくなる。

営業の世界を歩いていると、お客様に教えられることが実に多い。

それも、商品やサービスからかけ離れたところで教えられる。

食事の仕方、礼儀、遊び方、仕事の段取り、重要課題の見つけ方、問題解決の方法、そして、口のきき方から挨拶まで、本当に多くのことを年相応にして教えられる。そして学んだことを、別のお客様のところで、今度は、伝えたり教えたりする場面となる。

お客様と私たちは、習い事での師弟関係によく似ている。

師弟関係では、師のいうことには「はい」と返事することから始まり、最後は教えられたことに独自の工夫を加え自分の道を歩むようになる。

そのような関係でいる限り、お客様と私たちは離れることがない上、その関係に損得勘定も生まれない。つまり、どちらかが得をして、どちらかが損をする、そんな取引はそもそも日本には存在しない。

だから、我々にはウィン・ウィンという発想などは生まれなかったのだ。

ウィン・ウィンなどという発想は、どちらかが勝ち、どちらかが負ける、という交渉事のなかでビジネスの歴史を組み上げてきた欧米人の発想で、そもそも私たち日本人は元々ひとり勝ちを嫌い、昔からいつだって相手の立場を考えて取引をしていた。

つまり、日本の商いは最初からウィン・ウィンだったのだ。だからなにを今さらと思う。

そう考えると、これからの営業は迷うことなく「少し損をする道」を選べばよい。

お客様に損の道を歩かせるのではなく、私たちが進んで歩く。

なにかをしてもらったから、なにかでお返しをするのではなく、いつもこちらからなにかをして差し上げる。

三回、五回、十回、となにかをしていれば、自然と一回くらいなにかが返ってくる。それは「紹介」というお返しとなる。

日本が欧米に合わせるのではなく、やっと欧米が日本の習慣に追いついてきたに過ぎないのだ。

少し損するくらいが丁度良いと思える行動に、大成功の原則が存在する。

7 アポの取れる人、取れない人、の根本的な違い

営業の世界では、いつもアポがある状態を維持しなければいけない。

しかしプレゼンに追われていると、アポを埋める時間を得られないことがよくある。

アポの取れない人は、次から次へとアポの取れる人を羨ましく思うものだ。

《お客様は、なぜ私たちとわざわざ会ってくださるのか?》

アポの取れない人は潜在的にこの疑問を持っている。

そして答えを見つけようと熟慮を繰り返す。

しかし、アポの取れる人は、このようなことは考えない。なぜなら「お客様は自分に会うことが当たり前」だからだ。

人と人が会うには、それなりの理由、紹介、必要性がなければ簡単に会えないと考える人は、どうしてもその理由や必要性を演出しようとする。

するとお客様に会うことが目的となり、会うことが成果だと勘違いしてしまう。私たちの成果は人に会うことではない。会った人に商品またはサービスを購入してもらうことで、存在する問題または潜在的な問題を解決することにある。

なぜお客様は会って下さるのか？

この問いかけを自分にしてはいけない。

正しい問いかけは正し道へ我々を導くが、間違った問いかけは自分たちの営業活動を苦しめるだけだ。

つまり人と人とが出会うことに理由は必要ない。

営業は現場を知らない人が理屈で考え答えを出す世界ではなく、常に実践する人の哲学の世界であり、自分の活動に対しての想いがあふれ出ているからこそ顧客は我々に惚れるのだ。

アポの取れる人は、会うことを前提に「いつ会います？」と訊ね、アポの取れない人は「会ってくれませんか?」とお願いしている。
アポの次にプレゼンがあり、その次にクロージングがある。
どんな人にプレゼンしたいのか?
どんなタイプのお客様だと話し易いのか?
ストレスのないお客様と会えるアポをいただける人になるには、
類は友を呼ぶ……「類」になることなのだ。
その「類」を自分の感性がつかみきれるかどうかが資質なのだ。

会うことを前提で話していれば、
自分の「類」が必ずアポになる。

8 発想の逆転

営業活動のタイプはふたつに分かれる。

ひとつは継続的に購買意欲の湧き上がる商品提供をする活動と、もうひとつは新規開拓を必要とする商品を提供する活動だ。

そしてこのふたつは、客観的には同じ営業活動ではあるが、その在り方と仕組みには大きな違いがある。

その商品においてリピート率が高く新規開拓率が低ければ、営業力が低くても安定した売上げを維持できる。その逆でリピート率が低く新規開拓率が高ければ、高い営業力が必要となる。

そこで組織や商品が継続的な営業活動を必要とするのかどうかを確認すると同時に、リピート率と営業力のバランスについてきちんと考えなければならない。

新規開拓営業の代表例は住宅販売であり、リピート商品営業の代表例は自動車となるだろう。数年に一度買い替える自動車は、新規開拓後、顧客離れを防止する仕組みを完成させれば中期的な売上げ予想と予算を組むことができ、安定した組織経営につなげることができる。しかし、一生において一度の購入となることが圧倒的に多い住宅販売だと、常に新規開拓をし続ける必要がある。

自動車販売は住宅販売営業よりリピート率が高く新規開拓率が低

いため、新人育成が比較的早期に為し得ることができるが、住宅販売営業はリピート率がゼロに近く、ほとんどが新規開拓となるため、営業人の育成は容易でなく、人材育成の予算を組む体力を求められる。

そう考えると、リピート率が高ければ組織運営は安定し、リピート率が低ければ組織運営は不安定となるのだ。

これまでの歴史をみても、カーディーラーなどの倒産と、ハウスメーカーや建設会社などの倒産とでは、どちらが多いか一目瞭然である。

そのような状況になると、新規開拓率の高過ぎる組織は、何らかの方法を以てリピート率を上げる必要がある。

住宅販売の組織は、リピートに対する独自の定義を設けるべきだ。主力商品が簡単にリピートしないのであるなら、なにをもってリピートと考えるか、という発想の転換だ。

例えば、お客様からの紹介を「リピート」と考えてみてはどうか。同じ顧客が繰り返し商品の購入をする場合以外に、同じ顧客から紹介によって枝が伸びていく仕組みをリピートと定義付けしてしまうのだ。

もちろん継続的商品やサービスを提供している場合でも紹介による顧客開拓は必要であるが、次の購入機会を得にくい商品やサービスを提供しているなら、確実な紹介を得る営業の仕組みを構築する必要がある。

そして、紹介はイエスのお客様からではなく、ノーのお客様からもいただくという発想の逆転も必要だ。

我々は新規開拓の営業活動においてイエスのお客様よりノーのお客様の数が圧倒的に多い。それ故に「営業は難しい」と考えることになるのだが、ノーをいう顧客数をイエスの顧客数が上回るようになると、「営業は楽しい」に変わる。

そのためにも「ノーのお客様から紹介をいただく」ことが重要なのだ。

ノーのお客様から紹介を得るには「商品やサービスへのノー」と「自分へのノー」を区別しなければならない。

商品やサービスに対してノーであったとしても、お客様から自分へのイエスを得た状態であるなら、紹介を得ることは十分に可能である。

このように発想の転換でリピートという概念を構築したり、リピート率を高めたりすることは、経営を安定させ、活気ある組織運営や安定した営業成績の維持として欠かせないのだ。

本気で紹介につながる仕組みづくりをすることが急務なのだ。

紹介はノーのお客様からいただくという、
発想の逆転こそが真の営業人の思考なのだ。

9　紹介営業の大原則

営業活動における「紹介」の概念を確認したい。

お客様に「どなたかいい人がいらっしゃいましたらご紹介ください」という営業人は多い。しかし、それで紹介を得られるケースはほとんどないだろう。

なぜなら「どなたかいい人」というこの「いい人」の基準をお客様は分からないからだ。

あの人を紹介しても無駄だろう……、あの人はきっと興味ないだろう……、というように、お客様は自分の価値観で「いい人」を探してしまう。

しかし、そもそもこの「いい人がいたら紹介して欲しい」という「いい人」を明確に伝えていない営業人や、伝えきれない営業人、もしくは、自分でいっておきながら「いい人」とはどんな人なのか、そもそもよく分かっていない人が多い。

そうなると当たり前だが、お客様から私たちが求める、その「いい人」を紹介していただき、そのお客様を経由して、その「いい人」に出会える確率はほとんど皆無に等しいのだ。

大切なことは、私たちは「誰」に会いたいのかを、お客様に明確に伝える必要がある。

ここでいう「誰」とは、

① どんな不便を感じている人が利用すべきか。

② その人は利用することでどんな不便を解決できるのか。

この二点を既存のお客様に明確に理解してもらうことだ。

つまり、「どなたかいい人がいたら紹介してください」と抽象的にいうのではなく、自分はどのような方にお会いしたいのか明確に伝える。そのように会いたい人を具体的に伝えなければ、一生会いたい人に会うことはできない。

例えば、あなたの親友をご紹介ください……。

ゴルフ仲間をご紹介ください……。

お取引先の担当者の方をご紹介ください……、などというように、誰を我々に紹介すればよいのか、お客様に分かるように話さなければならない。

誰に会いたいのか、どんな人に会いたいのか、紹介とは、それを明確に伝えることだ。

10　より効果的な紹介営業の仕組み

次に、より効果的な紹介の方法として、見込客を紹介してもらうのではなく、見込客に自分を紹介してもらう方法を述べる。

どなたかを「私に」ご紹介して下さい……から、どなたかに「私を」紹介して下さい……へ進化させるのだ。

「先日のセミナーで知り合ったAさんをご紹介ください」ではなく、「先日のセミナーで知り合ったAさんに私を紹介してください」という。

紹介というものは、「もらう」より「される」方が、する側において負担が軽減すると同時に、我々の目的への効果も大きく前進する。

自分の知らないところで、自分のことが話題になり、まだ会ったこともない人たちが自分を知っている。そんな風にステージセットが出来上がっている状態は、営業人にとって実に理想的なのだ。

一般的な紹介による出会いでは、最初に自分のことを伝え、理解していただく時間を必要とするが、既に紹介されている場合、会った瞬間から建設的な提案ができるようステージが整っている。

お客様の伝え方によっては、会うことを楽しみに自分を待っていて下さるケースも少なくない。

些細な違いに感じるかもしれないが、ここでの「私に」の「に」と「私を」の「を」を使い分ける違いは大きい。

「会社の同僚の方を、私にご紹介いただけませんか？」

「会社の同僚の方に、私のことを話しておいていただけませんか？」

どちらが負担なく受け止められるだろう。

そして、このとき先にも述べたが、「誰」ということを具体的にすることが重要になる。

ここでいう「誰」とは自分のことだ。

つまり、①同僚に対して、②自分を、③どのように、紹介して欲しいかを明確に伝えることだ。

紹介してもらうより、紹介される営業活動は楽しくなる。そのためにも、どのように自分を人に伝えてもらいたいのかという「情報発信」を続けなければならない。

誰かを紹介してもらうのではなく、
自分を誰かに紹介してもらうこと。

11 紹介営業に大切な情報発信

あなたの知らないところであなたを話題にしてもらうには、話題にして欲しいテーマをお客様に与える必要がある。

お客様にとってあなたが「どんな人」なのか、それが分からなければ、お客様は別の人にあなたのことを伝えられない。そのためにはあなたの情報をお客様に与え続ける必要がある。

情報というと大袈裟に考えてしまうが難しくはない。

知っておくべきことは、お客様の心にはいつも小部屋があり、その小部屋を生きたことばで埋めたい、といつも願っているということ。

お客様は、仕事や人生において、なにを思うべきか、それをどのようにとらえるべきか、そういう価値観を大切にして生きている。そして、誰もが価値観を大切にする心と同じ大きさの「孤独感」を持っている。

《その孤独が心の小部屋をつくる》

心の小部屋はことばでしか埋められない。

本との出会い、人との出会い、そこから得ることばの数々が小部屋の隅を埋めていく。自分ひとりで埋めることはできない。

だから、自分の孤独感を埋める人との出会いを求め、その出会いによって自分にことばが運ばれてくることを望んでいる。

小部屋の奥にある深い底を埋めてくれるような、生きたことばをいつも求めている。

我々営業人は、お客様のその小部屋にことばを届ける使命がある。

あなたとの出会いによってお客様の孤独は埋められ、あなたを待ちわびる日を迎え、周りの人にあなたのことを紹介せずにいられなくなる。


これが、真の紹介の仕組みだ。

出会いとは、ことばに出会うことだ。
そしてことばは人が運んでくる。

12 情報発信に大切な生きたことば

どのように生きたことばを伝えるのか。

一般的に「生きたことば」というと善いことばを想像するが、実は悪いことばも生きている。だから、人はことばで人を活かすことも殺すこともできる。いわば言霊と表現されるのもここにある。

しかし、ことばを発する我々の心が生きていなければ生きたことばを発することはできない。

生きた善いことばを発する練習に読書がある。

野球選手が毎日キャッチボールをするように、料理人が毎日包丁を研ぐように、我々営業人の基礎練習は読書だ。

そして読んだ本から一行を拾う練習を繰り返す。

たった一行の文章を拾い、それを自分の中で咀嚼し、生きたことばとして自分の中にとどめる。

その次に、一行拾わせてくれた本に感謝する。

読み終えた本をいい本だの悪い本だのという評価をする人が多いが、我々営業人はそんなことをしてはいけない。批評癖をつけたら最後、文句が口癖になり、いつの間にかこの世界から姿を消すことになる。

このように一冊の本から、たった一行を拾う習慣を持つこと。

すると百冊読み終えたなら心の中に百のことばが……。千冊読み終えたなら千のことばがあふれることになる。

「先日読んだ本に書かれていたのですが、今日という日は昨日亡くなった方が、あれほど生きたいと願った明日なんだ、と。気がつくといつも時間を粗末にして過ごすことが多かったのですが、何だか深く反省させられました」

そうお客様に告げた営業人がいた。

お客様はいたくそのことばに感動し、手帳に書きとめ、会う人会う人に、今日という日は……と伝えて歩いた。

すると今度は周りの人たちからいたく感動され、次はどんなことばを届けてくれるのか、と期待して待つようになっていた。

「先日、こんなことがありました。大きな借金を背負ってしまった社長さんがいたのですが、昔読んだ本に、踏み外したところにもまた道はある、と書かれていたことばを座右の銘にし、あきらめることなく再び立ち上がったそうです。ことばには人生を支える力があるのですね」

このことばを聞かされたお客様は、自分のお取引先の方たちに「弊社を担当する営業マンなんだけど面白いんだよ。色々な勉強をしていて俺を勇気づけてくれる。一度会って話をきいてみないか」と経営者仲間に紹介していた。

これが生きたことばを情報発信する効果だ。

なにを伝えるか、どう伝えるか、誰に伝えるか、プレゼンテーションの基本であるが、紹介の仕組みにおいてこの基本を活かす術は「お客様に、生きたことばを、観えるように伝える」情報発信を行うことだ。

この技術は、お客様の心にある小部屋へ、自分のことばを届けることによって、自分自身の価値観もお客様に伝わることにある。

その価値観がお客様の心の中で一人歩きし始め、自分への印象を、お客様は想像以上に善い方向へとつくり上げてくれることになる。

ことばは生きている。

ただ、善いことばばかりでなく、悪いことばも生きている。

天職

あの若者が歩道橋の上で立ちすくんでいた。
夕日に染まる西の空に背を向けて。
営業の技術を習得するために、自分はありとあらゆるセミナーへ参加した。
そして学び、練習し、トップ・セールスを目指した。
しかし、まったく成果を得られなかった。
若者は、再び一流の営業人を訪ねて訊いた。
「私は間違っていたようです。
コツさえ教われば誰でも成功するものだと思っていました」
営業人は黙って若者の次のことばを待っていた。
「技術は大切ですが、それと同時に自分自身を磨かなければ、身についた技術は生かせないことを知りました」

営業人はやはりなにも喋らない。

「私は鏡を見て思いました。私が私の顧客だったなら、私は私からなにも買いたくないだろうと」

やっと一流の営業人は口を開いた。

そして静かに若者の眼を覗き込んでこういった。

「次のステージがあなたを迎えに来たようです」

「えっ?」

「ひとつことを一所懸命に励んだり、学んだり、努力したり……、するど、そのステージの上にある、もうひとつ上のステージが迎えにくるものです。

そう、営業の神さまが、あなたを営業という職業で成功させようと背中を押してくれるかのように。

営業は神さまから選ばれた人だけが就ける職業です。

そして神さまは、今のあなたではなく、あなたの未来をいつも選ぶのです」

「僕の未来？」

「誰もあなたに未来を約束することはできません。だけど、未来は必ずやってきます。なぜなら、あなたが未来だから」

「僕が……未来？」

「そう、未来はいつも若者のもの。私たちのものではありません。

私が教えられることはもうなにひとつありません。

この先、あなたにとって必要なことは、黙っていても勝手にあなたのもとへやって来るでしょう」

一流の営業人はそういうと静かにその場を立ち去った。

そう、今、立っている場所のすべてを受入れたとき、必要なもの、望むもの、それはすべて勝手にやってくる。営業を天職だと信じられたときに。

ROOM
3423
CLUB
UMEDA 2-5-25
KITA-KU
OSAKA 530-0001
shinji

成功ではなく成長への道

なにかに対して興味が湧いたり好奇心が奮い立ったりするのは、生まれつき備わっている資質が反応しているからだ。つまり我々は、営業職に就いた時点で、その職種への資質が自分に備わっていたことが証明されている。

資質がなければ、営業職などという特殊な世界に足を踏み入れる暴挙を冒すことは絶対に有り得ないだろう。

だが、営業職に就くと、なぜか誰しもが、これははたして自分に向いていたのだろうか、という不安に襲われ、眠れぬ夜を幾度となく過ごす。

講演会の来場者から「自分は営業に向いているだろうか？」とよく問われるのだが、都度、私は誰であろうと「向いている」と断言する。迷うことなく自信を持ってそう伝える。その人の性格、素性、特質、が分からなくとも一切の迷いはない。

なぜなら、その者が営業職との縁をつなぐ資質を持っていなければ、間違っても営業の世界に足を踏み入れていないからだ。そもそものきっかけや事情がなんであれ、資質が為したことであり、資質に導かれた結果なのだ。

ただ、向き不向きに関わらずその職業を貫けるかどうかについては、資質ではなく才能の領域に移行する。

眠れぬ夜を迎える原因はここにある。

資質が天賦の才であるのに対し、才能は訓練によって身につく能力だ。そしてやり抜く力を才能という。

意気揚々と飛び込んだ世界への期待感が、その職に慣れることでしぼみ始める前に、資質から才能へ使う能力を切り替えなければならない。

そして、その才能は、訓練でしか開花しない。勉強、練習、鍛錬、を積むことなのだ。プロスポーツ選手の引退は、鍛錬を継続する体力がなくなったことで、才能への限界を感じ引退となる。このように才能とは続ける力そのものであり、すなわち、資質（持って生まれた感性）を才能（訓練によって身に付く能力）に転換できれば誰でも成功できるのだ。

本書では、営業の資質と才能について考えた。

現場における才能、採用における才能、育成における才能、営業という道を歩くために必要な才能について考えてある。

多くの営業職の方が資質を持ちながらも途中で挫折し、この世界から姿を消してしまう理由と、逆にこの世界で大成功をおさめる理由を紐解く。

同時に、営業職において成功する才能と失敗する才能の違いについて書いてもいる。

本書を手にされた方は間違いなく強い資質を持っている。

ただこの本を読み終えることができるか、また、本書の内容に納得できるか、そして読み終えた瞬間から行動できるか、それらはすべて、その人の才能なのだ。

二〇一五年七月　著者

スターバックス札幌石山店の皆さまへ
一杯のコーヒーで長時間原稿を書き続けるなか、
笑顔で接客して下さったことに感謝申し上げます。

著者 プロフィール

中村信仁　Shinji Nakamura

1966(昭和41)年2月生れ
株式会社アイスブレイク　代表取締役
ラジオパーソナリティー

新卒で外資系出版会社ブリタニカに入社。入社前研修中に初契約をいただくという世界初の記録を樹立し、その夏のコンテストにて世界最年少で3位入賞。翌年、世界最年少マネジャーに昇進。4年間の在職中、すべてのコンテストに入賞。現在は企業家、講演家、ラジオ話芸人、執筆家として活動。営業プロデュース実績先はパソナキャリア、アクサ生命、ソニー生命、住友生命、エネサンスグループ、郵便局グループなど多数。また、全国で活躍する各業界、各業種の営業人たちを組織した勉強会「永業塾」を全国9ケ所(札幌、仙台、福島、東京、名古屋、大阪、福岡、熊本、宮崎)にて開催。
公式ホームページ　http://poji-poji.com/

【営業の意味 資質と才能】

初刷 ―― 二〇一五年八月三〇日

著者 ―― 中村信仁

発行者 ―― 斉藤隆幸

発行所 ―― エイチエス株式会社 HS Co., LTD.

064-0822
札幌市中央区北2条西20丁目1-12佐々木ビル
phone : 011.792.7130 fax : 011.613.3700
e-mail : info@hs-prj.jp URL : www.hs-prj.jp

印刷・製本 ―― 中央精版印刷株式会社

ISBN978-4-903707-60-0